旅ガール、地球3周分のときめき

田島知華《たじまはるか》（たじはる）

南アフリカ共和国 / 喜望峰

はじめに

私は、それまでまったく旅にも海外にも興味はなく、
英語も地理も大の苦手でした。
そんな私が旅に出たきっかけは、
おじいちゃんからの１年早い成人祝い。
厳格で、お小遣いもお年玉しかくれたことのないおじいちゃんが、
「自分のためになることに使いなさい」と、20万円をくれたのです。
突如《とつじょ》手にした大金を前に、喜びと困惑を抱えていたある日、
大学で世界の建築物を学ぶ講義がありました。
スライドに映し出されたサグラダファミリアをはじめとする、
ヨーロッパの建築の数々。
「ここに行って、自分の目でこの場所を見てみたい！」
私はそれらの写真を見た瞬間、
今までに感じたことのない感情が芽生えました。

そうひらめいたのが、旅の始まり。
そして、19歳の私は、初めての１人旅に出たのです。
知り合いがいない土地、人もいない大地、
１人で旅をすることの大変さと、出会う人々の優しさに一喜一憂し、
私は、旅の魅力に取りつかれていきました。

「遠い国の海の波音を聞いてみたい」
「何千年も前の古い建築物に触れてみたい」
「食べたことのない料理をもっと味わってみたい」
「その国独特の匂いを嗅いでみたい」
「想像もできない絶景を見てみたい」

だんだんとそんな感情が湧き、
世界中を、自分の五感で感じたくて、
私はとにかく夢中で世界を旅し続けました。
そして、今思うことは、
——もっともっと旅をして、
たくさんの人に私が見てきた世界を伝えたい。
そして旅に出ることの素晴らしさを伝えたい——
ということ。

この本を手に取ってくれた人が、
旅に出て、私と同じように感じてくれたらとても嬉しいし、
何か躊躇していることがあれば、勇気を出して、
一歩を踏み出すきっかけになれば、嬉しいと思います。

田島知華《はるか》（たじはる）

アラブ首長国連邦／アブダビ

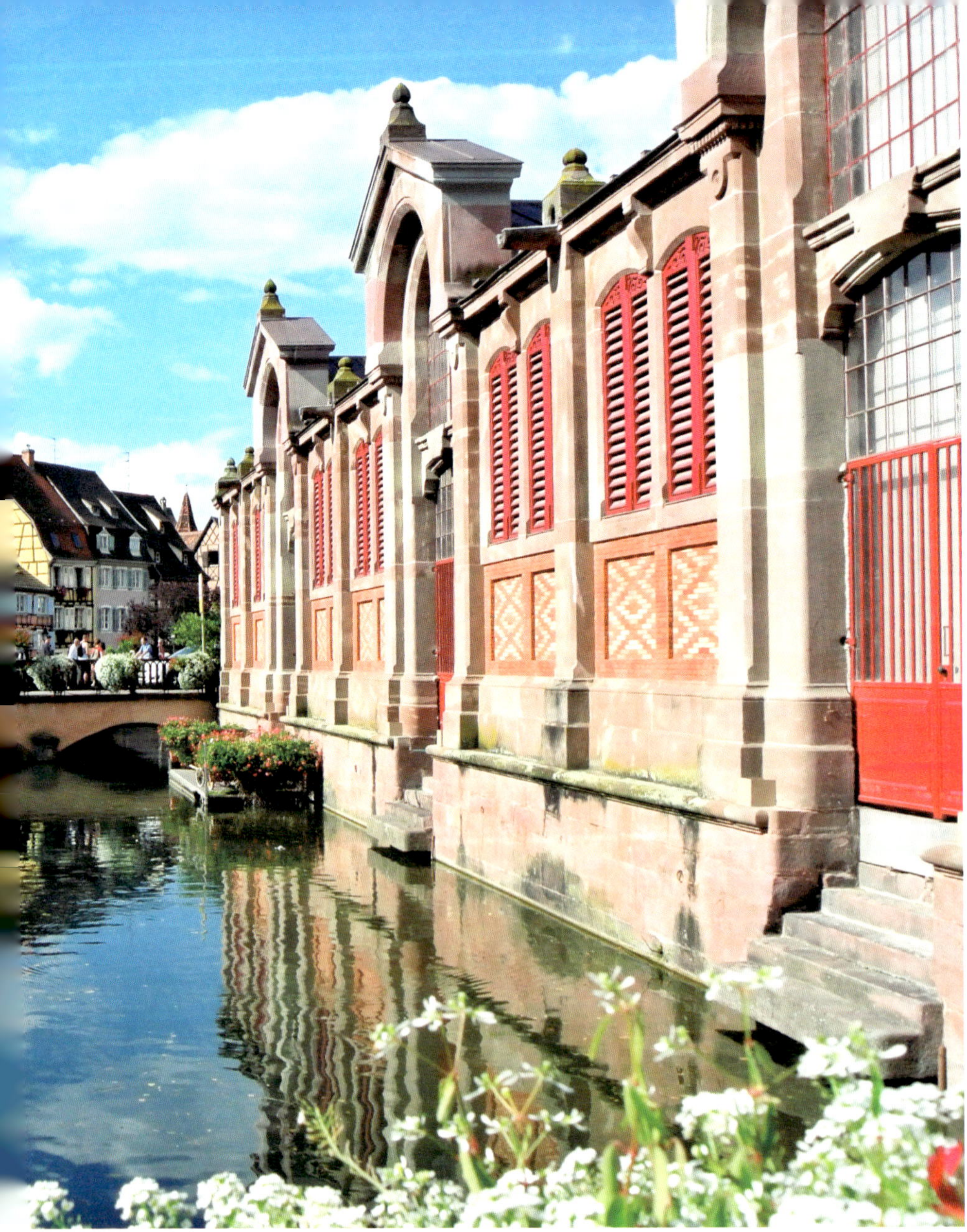

フランス / コルマール

おとぎの国のようなこの街は、ジブリ作品の舞台になった場所としても有名。夏は花が咲き乱れ、冬はアルザス地方で一番華やかなクリスマスマーケットが開かれるので、年間を通して街並みを楽しむことができる。

ポルトガル / コスタ・ノヴァ
(右) ストライプ柄の家が立ち並ぶこの街の別名はパジャマシティ！
(左) 5分も歩けば海が広がるビーチリゾートのこの街は、人が住んでいるとは思えないほどキュートな家が続く。

HAVANNA
CAMINITO
DESDE 1948

（右）アルゼンチン / カミニート
ブエノスアイレスの港町ボカ地区は、建物が原色で彩られている。
メイン通りのカミニートは歩いているだけでハッピーに！ 右上にいる人形にご注目。

（左）ポルトガル / シントラ
世界遺産シントラの街にある「ペーナ宮殿」は、珍しい色をしていて印象的。まるでディズニーのお城みたい！

www.arthostalbellavista.cl
(32) 212 1544
CEL: 87927857
VALPARAISO

（右）チリ / バルパライソ
別名、青空美術館と呼ばれるこの場所は、街全体がアートでいっぱい！

（左）オランダ / ザーンセスカンス
オランダのシンボルでもある木靴で家をデコレーション。さらにプランターにも大変身！
手前にある大きな靴をはいて写真を撮るのが定番。

SOL

（右）チリ / バルパライソ
階段好きの私が世界で一番好きな階段。鍵盤を弾くように撮ればよかったと少し後悔。こんな可愛い階段もアートな街ならでは。

（左）ウルグアイ / コロニア・デル・サクラメント
お散歩をしていたら、可愛いお花でデザインされたキュートな車に出会った。どんな人が乗っているのかな？

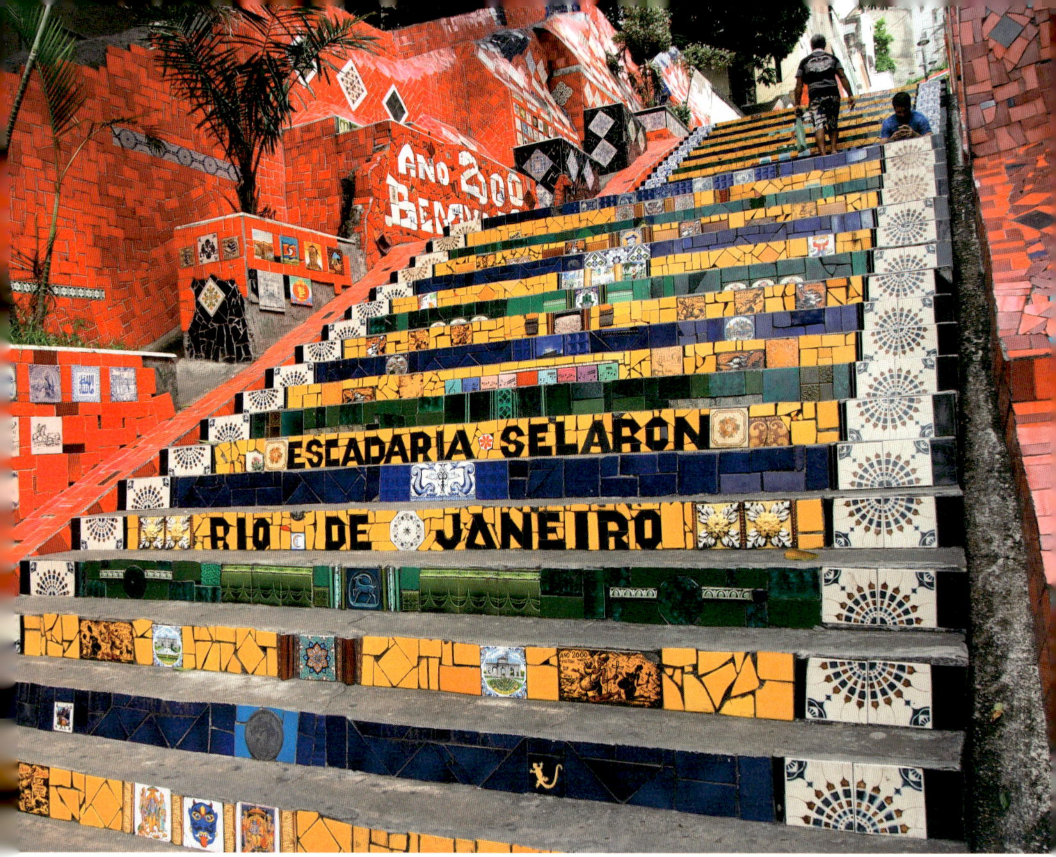

（右）ブラジル / リオデジャネイロ
セラロンの階段。世界中を周ったアーティストにより、
60カ国以上 2000 枚のタイルで作られている階段は、旅人にはたまらない。

（左）チリ / バルパライソ
世界にはこんなにポップな、つい撮りたくなるような階段がたくさんある。

HOSTAL BELLAVISTA
a cada mujer

19
THE
ORIGINAL
OLIVE
OIL
SHOP
SINCE
1979

（右）ギリシャ / ミコノス島
真っ白な家が並ぶこの街では、自分の家の目印にベランダやドア、窓枠に色を塗る。
でも「１軒につき１色」というルールが。私だったら何色を選ぶのだろう。

（左）ギリシャ / サントリーニ島
絶景の地といったらここ！ 人生で一度は訪れたい美しい島。宿泊はイアのホテルがオススメ。

(右) ベルギー / ブリュッセル
世界的に有名なチョコ、「ゴディバ」の本店はブリュッセルのグランプラス広場にある。
ここに来たなら、生のいちごをチョコレートにディップした贅沢なコレを食べたい♡

(左) ベルギー / ブルージュ
カラフルな建物が建ち並び、まるでおもちゃの世界。治安もよく食事もおいしいので、女子旅にオススメの場所！

（右）ギリシャ / サントリーニ島
キラキラと海が輝き、澄んだ鐘の音が響くこの島は、ウェディングやハネムーンにもぴったり。

（左）ウルグアイ / コロニア・デル・サクラメント
世界遺産にも登録されている歴史のある地区。南米にはポップでカラフルな街がいろいろあるが、のどかな雰囲気のこの街はとっても居心地がいい。

175

Galerie
RIKIA

フランス / リクヴィル
「フランスでもっとも美しい村」といわれるこの街は、けっして大きな街ではないけれど、心ときめく可愛さがいっぱいつまっている。

土地に合った「服」が、
素敵な場所へと導いてくれる

バックパッカーの旅は、ボロボロの服で汚いイメージがあるようだ。でも私はオシャレが好きだし、旅先でだってオシャレでいたい。私は「バックパッカー＝汚い」という印象を払拭《ふっしょく》したくて、旅先でもルールを決めて、オシャレをしている。

それは〝その土地に合った服装で、オシャレをする〟ということ。

ドバイでは民族衣装の黒いアバヤを着て、モロッコではサハラ砂漠へ行く途中にベルベル人から素敵なヴェールを売ってもらい旅をした。

ヨーロッパでは可愛らしい洋服で「女子旅感」があふれる写真を撮りたいという乙女心から、ハットやストール、ブーツでオシャレ度を上げる。

バックパッカーゆえに、持っていく服はかなり少ないけれど、小物を用意するだけでオシャレ度は上がるし、なにより楽しく旅をすることができるのだ。

土地に馴染み、土地に合う服装は、私のウキウキする気持ちを高め、素敵な場所へ導いてくれる。

モロッコ / サハラ砂漠

モロッコ / サハラ砂漠
(右) ラクダとラクダ使いとともに旅をしたとき、この仲間たちの背中がとても大きく見えた。
(左) 砂漠を歩いていると、ときには絵本ような美しい光景と出会う。
風が吹くたび一刻一刻と風景が変わり、その変化も楽しめる。

アラブ首長国連邦 / アブダビ

リワ砂漠の中にあるリゾートホテル「カスル・アル・サラブ」。
まるでオアシスのよう！　ホテル内はとても広く、カートで移動できるようになっている。

80 DH
100
100 DH

(右) モロッコ / マラケシュ

モロッコの伝統的な履物バブーシュは色とりどりの刺繍がされている。とてキュートで、ひとつに決めることができないほど！

(左) トルコ / イスタンブール

トルコでは、街のいたる場所でランプが売られている。夜になると、ランプの光がよりいっそう美しく映える。

トルコ / カッパドキア　遺跡に沈む夕日を見ながらたそがれる時間は、旅先で自分を見つめ直す大切な時間。

トルコ / パムッカレ　石灰棚にたまった水を照らす夕日が、とても印象的。ここはマジックアワーを楽しめる絶景ポイント。

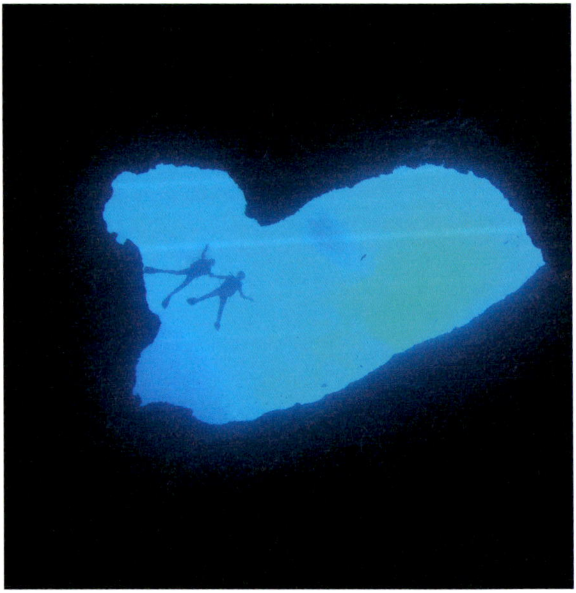

(右) アメリカ / グアム
ブルーホールはグアムで人気のダイビングスポット。
透明度が高いきれいな海に潜れるだけでなく、ハート形の海底の穴の中に入れちゃう！

(左) トルコ / パムッカレ
石灰棚にたまる水は、琥珀色で温かいのが特徴。鏡のように空を映しだす水面がとても美しい。

「アクティビティ」は、旅の面白さを広げてくれる

マカオではギネスブックにも登録されている２３３mからのバンジージャンプに挑戦した。アブダビでは世界最速の時速２４０kmのジェットコースターに乗った。アクティビティの挑戦も、旅ならではの面白さがある。

意外と知られていないのが、トルコのパムッカレにあるアクティビティ。世界遺産にも登録されており、白く美しい石灰棚が見どころだが、規制があるため、コースで見られるのはほんの一部……。

そんなときに出会って仲良くなったおじさんは、実はパラグライダーのインストラクター！　願ってもない嬉しい出会い！　なぜなら、ふつうなら歩いて入ることのできない場所も、パラグライダーでなら、上空から全貌を見ることができるからだ。

運命的な出会いによって、人生初のパラグライダー体験と、壮大な写真を撮影することができた。

決められた旅程に頼るだけではなく、自分のやりたいことに素直に従ってみると、貴重な出会いを得たり、新しい体験ができたりする。

今までの旅を思い返してみて頭の中に浮かぶ景色は、アクティビティに挑戦して見えた絶景だ。

トルコ / パムッカレ

クロアチア / プリトヴィッツェ湖群国立公園

大小 16 の湖と 92 の滝が存在し、エメラルドグリーンで透き通る湖は目を奪われるほどの美しさ。
ウユニ塩湖と同じくらい心が震えた。

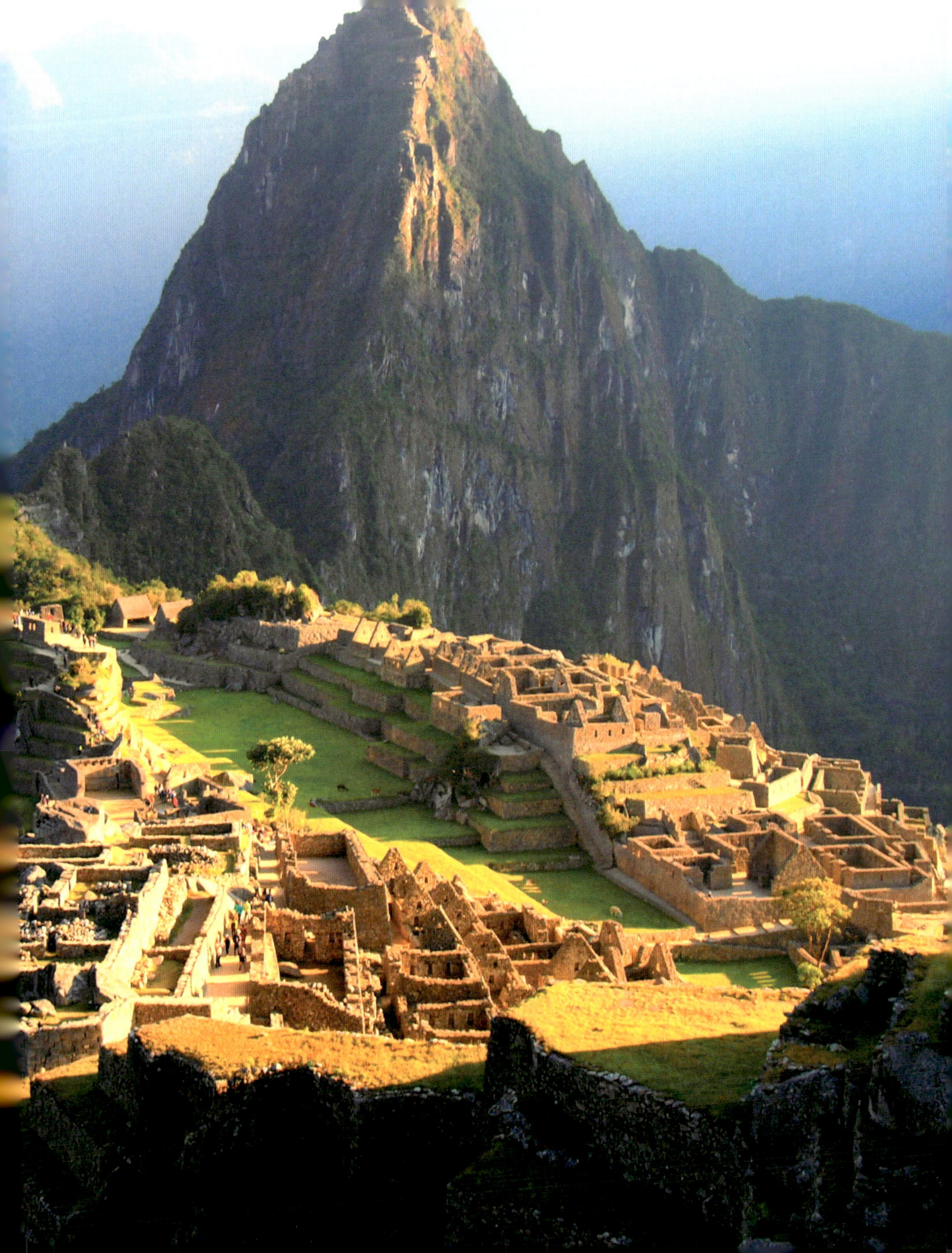

(右) ペルー / マチュピチュ
空中都市と呼ばれるマチュピチュは、インカ帝国時代の遺跡。
太陽に照らされると、人が住んでいたとは思えないほど神聖な美しさを見せる。

(左) ペルー / ウロス島
チチカカ湖に浮かぶ島。雨が降ると、島が違う場所へ流れていくことも！

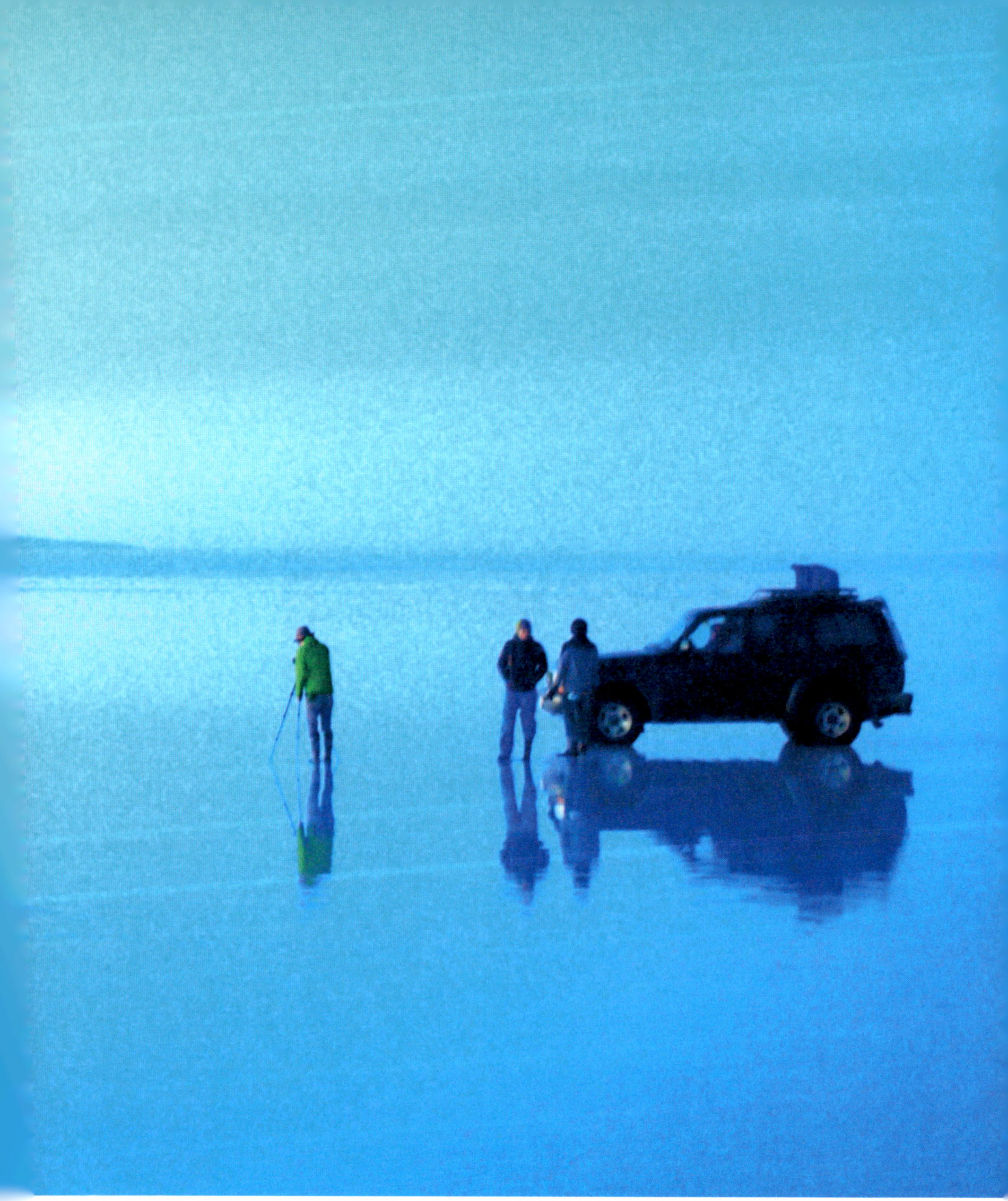

ボリビア / ウユニ塩湖　心が震えるほど美しいと感じた朝日。透明感にあふれ幻想的な空間は、まるで氷の中にいるよう。

LAND CRUISER

ボリビア / ウユニ塩湖　空間に浮いているように見えるのは、ともに旅をしてきた相棒の車と椅子。

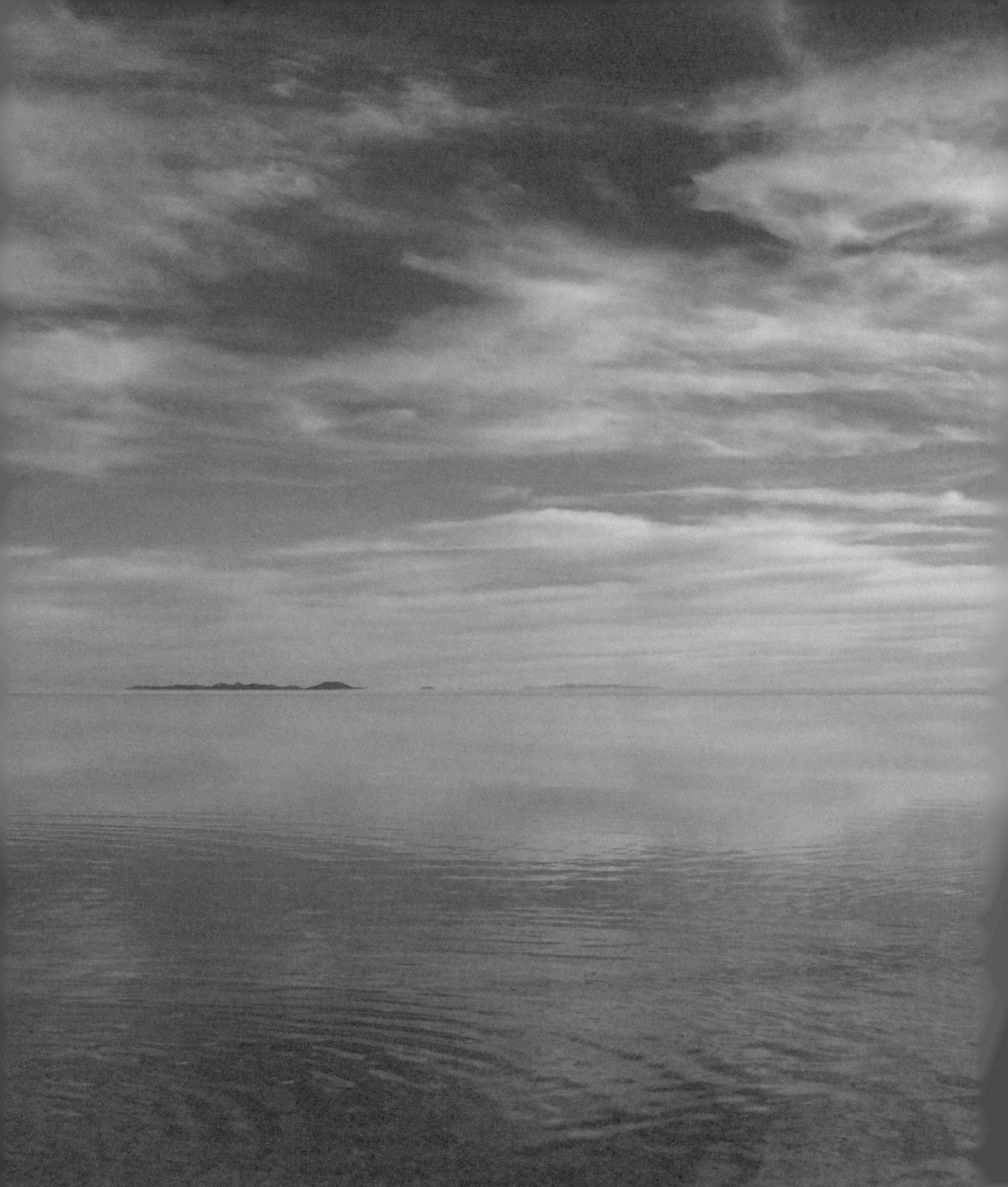

ボリビア / ウユニ塩湖
自分がちっぽけに感じるほど広い広いウユニ塩湖。日本と同じ空のはずなのに、なぜだかとても大きく見えた。

ボリビア / ウユニ塩湖

ウユニ塩湖の美しさは「鏡張り」だけではなく「影」の魅力も。闇と光のグラデーションに包まれたとき、ひと言では言い表せないほどの感動があふれ出す。

ボリビア / ウユニ塩湖

落ちかけていた夕日が半分沈んだとき、湖面に映っていた太陽と、ひとつになった。
息を飲むほどにきれいと感じたこんな夕日は初めて。

ボリビア / ウユニ塩湖 「鏡張り」のない乾期。六角形に浮いた地面を夕日がなぞるように美しく照らしていた。

世界のユニークな「ホテル」たち

私は南米ボリビアのウユニ塩湖が大好きで、今までに雨期と乾期の2回にわたり訪れている。

初めてウユニ塩湖に行ったとき、心を躍らせまず向かったのは「塩のホテル」。驚くことに、すべてが塩でできている。ベッドもテーブルも階段も……。

地面はもちろん、飾られているオブジェも真っ白な塩。まるでスノードームに包まれているよう。

こうした面白いホテルは、世界にたくさんある。洞窟のホテルや砂漠の中にあるオアシスのようなホテル、車がベッドになっているホテルにも泊まった。

世界には、まだまだユニークなホテルがたくさんあり、今行ってみたいのは、すべてが氷でつくられたアイスホテルや、高い木の上にあるツリーハウス、水中にあるホテルなど……。

趣向を凝らした面白いホテルは、泊まったときも楽しいけれど、帰国後に人に伝えるときも、またとても楽しい。話を聞いてワクワクするみんなの顔を見ていると、私も嬉しくなってくる。

「ここに泊まってみたいから、この場所へ行こう！」

そんな旅先の決め方も、ときにはいい。

ボリビア / ウユニ塩湖

ボリビア / ラパス

ラパスの特徴はすり鉢状の地形。昼（右）と夜（左）では、見える姿は全然違う。
遠くの街の灯りまで見える夜景は最高！ ウユニ塩湖へ行くときの拠点となるこの街では、ぜひ１泊するべし。

（右）チェコ / プラハ
市内中心部にあるプラハ最古の橋。塔に登るとオレンジ色の屋根が連なる美しい景色を見ることできる。
大好きな画家アルフォンス・ミュシャの絵をモチーフにしたものが街の様々な場所で見られ、私の心は躍りっぱなしだった。

（左）ペルー / リマ
色とりどりの家が山沿いに建ち、まるでカラフルな山のよう。
一見、可愛いこのスポットは、少し治安が悪いので離れた場所のカフェなどから眺めるのがオススメ。

スペイン / モンセラット
迫力のある山と街が共存しているユニークな場所。多くの登山家が訪れるこの本格的な山からの眺望は、間違いなく絶景！

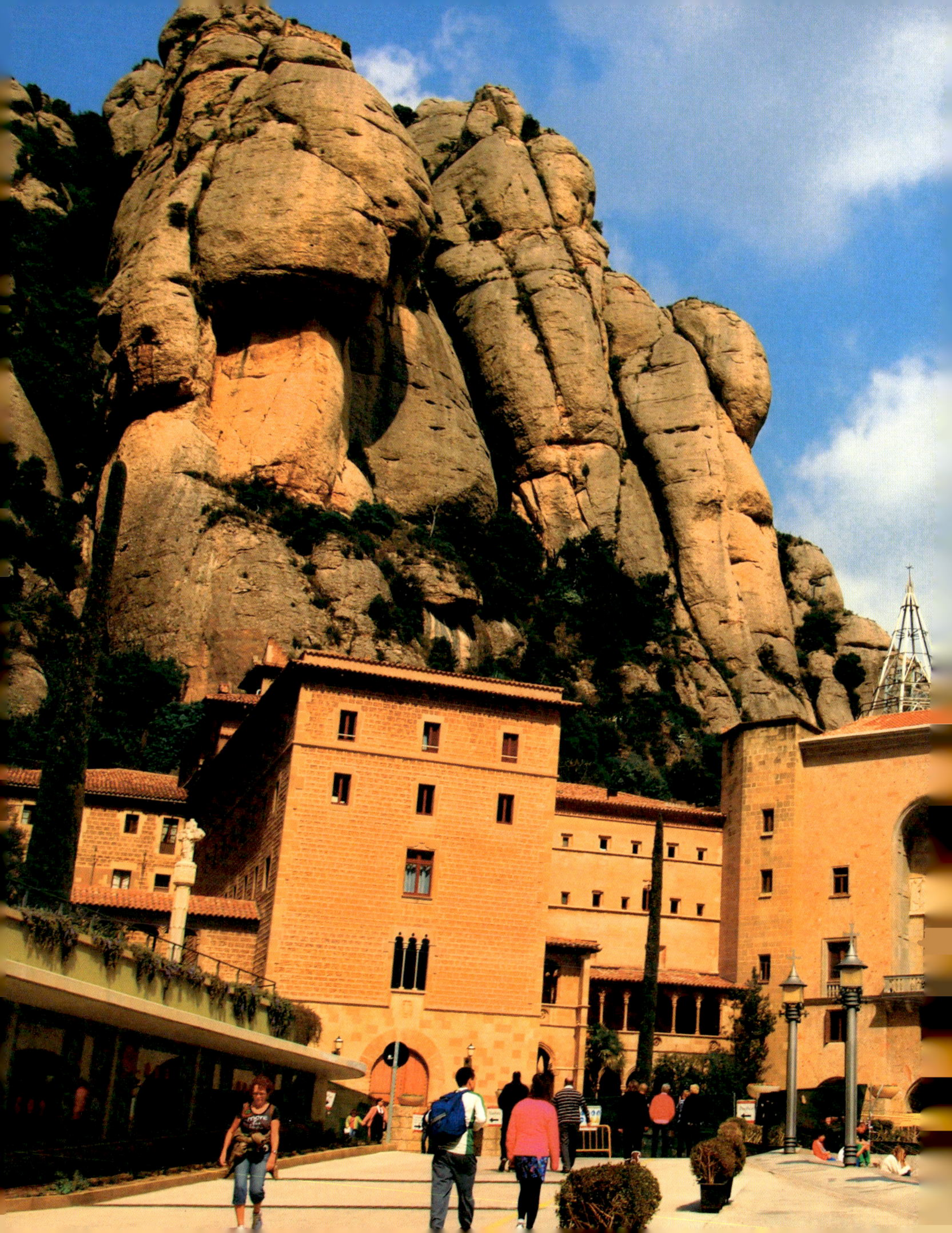

(右) 南アフリカ共和国 / ドラケンスバーグ
「シャンパーニュ キャッスル ホテル」のヴィラ。
イタリアのアルベロベッロみたいなトンガリ帽子の屋根がとってもキュート♡

(左) ポルトガル / ポルト
北部ののんびりとした港町。
町の中を運河が流れ、その周りにはオレンジ色の屋根が連なり、まるで絵画のような街。

（右）クロアチア / ドブロヴニク
「アドリア海の真珠」と呼ばれる世界遺産の美しい街。
宝石のようにキラキラ輝く海の美しさに、私は心を奪われた。

（左）チェコ / チェスキークルムロフ
首都プラハからバスで数時間のこの場所は「東欧でもっとも美しい街」として名高く、世界遺産にも登録されている。
おとぎ話に出てきそうな可愛い家がたくさん！

トルコ / カッパドキア

早朝4時にホテルを出発し、気球に乗って朝日が昇るのを眺める。
大空から降りそそぐ太陽は気球を照らし、自然の荘厳な美しさを見た。

ブラジル / フォス・ド・イグアス

イグアスの滝はブラジル、アルゼンチン、パラグアイの3カ国にまたがる壮大な滝。
ブラジル側からは全体を見渡すことができ、その迫力に思わず息を飲む。

アルゼンチン / プエルト・イグアス
イグアスの滝のアルゼンチン側にあるビューポイント「悪魔ののど笛」は、滝の轟音と水しぶきを肌で感じられる。

トルコ / カッパドキア
(右) 霧に映る気球の影と虹。偶然にも奇跡のような景色に出会えた。
(左) 気球の下に広がるのは、こんなに立派な岩石遺跡群！ この岩を削って作った家に住んでいる人たちがいるって不思議。

南アフリカ共和国 / ケープタウン
アフリカのイメージが覆されるほど、ケープタウンはスタイリッシュでかっこいい。ヘリコプターから見た街並みは大迫力！

（右） チリ / アタカマ砂漠
「月の谷」と呼ばれ、まるで月面クレーターのような大地が広がっている。
この壮大な自然に囲まれると、どんな悩みもちっぽけに感じられた。

（左） トルコ / カッパドキア
霧の中を気球は上がっていき、そこを抜けたときに広がる絶景は夢のような光景。

自分を守りながら、旅をする

「女１人旅って大丈夫なの!?」そう心配されることは多々ある。また「１人旅をしてみたいけど、危ない目に遭うのが怖くて……」と一歩を踏み出せない人もたくさんいる。それは、私も同じ気持ち。

そこで私が考えた安全対策は「現地に住んでいる日本人になりきる」ということ。

例えば、地図は道を歩きながら開かない。地図を開くときは、安全な場所でひと通り見て、道順を頭に入れてしまう。カメラは首からぶら下げず、使うときにバッグから取り出す。面倒だけれど、これだけでもかなり危険を避けられる。

私はいまだに出発の前日は「もし危ない目に遭ったら……」と不安になって「もう行きたくない！」と思うことがある。

でも、その気持ちはとても大事で、不安に思う心が、油断を遠ざけてくれる。数人で旅をするからといって、けっして安全ではない。お喋りに夢中になってスリに遭う人もたくさんいるのだから。

旅先には１００％安全な場所なんてないけれど、自分次第でそのパーセンテージは変わってくる。

ボリビア / アルボル・デ・ピエドラ

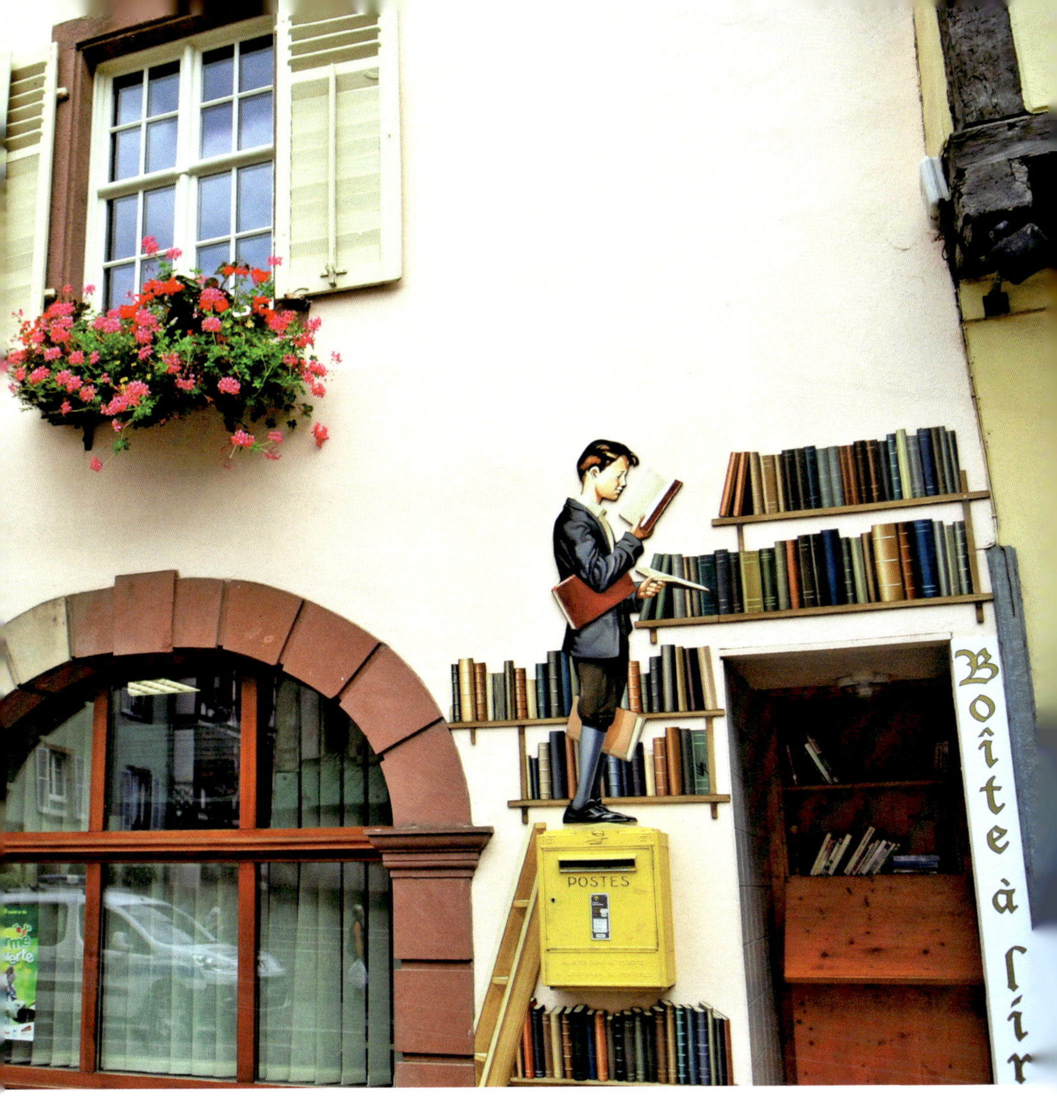

(右) ギリシャ / アテネ
「パルテノン神殿」から見た街をジオラマ風に撮影。
「パルテノン神殿」もいいけれど、そこから眺めるアテネの街全体がとても好き。

(左) フランス / リボーヴィレ
壁に描かれている絵と一体となっている郵便ポスト。
その横にある本棚へ、読まなくなった本をみんなが持ち寄る。ここは市民の青空図書館!

モロッコ / ワルザザート
世界遺産にも登録されているアイト・ベン・ハッドゥの集落は、数多く映画の舞台にもなっている。
今も人が住んでいるとは信じられないような不思議な建物が連なっている。

HOTEL

スペイン / トレド
古城を改装して作られたパラドールから見渡した風景。「もし１日しかスペインにいられないのなら、迷わずトレドへ行け」という言葉があるように、スペインを象徴する美しい景色が広がっている。

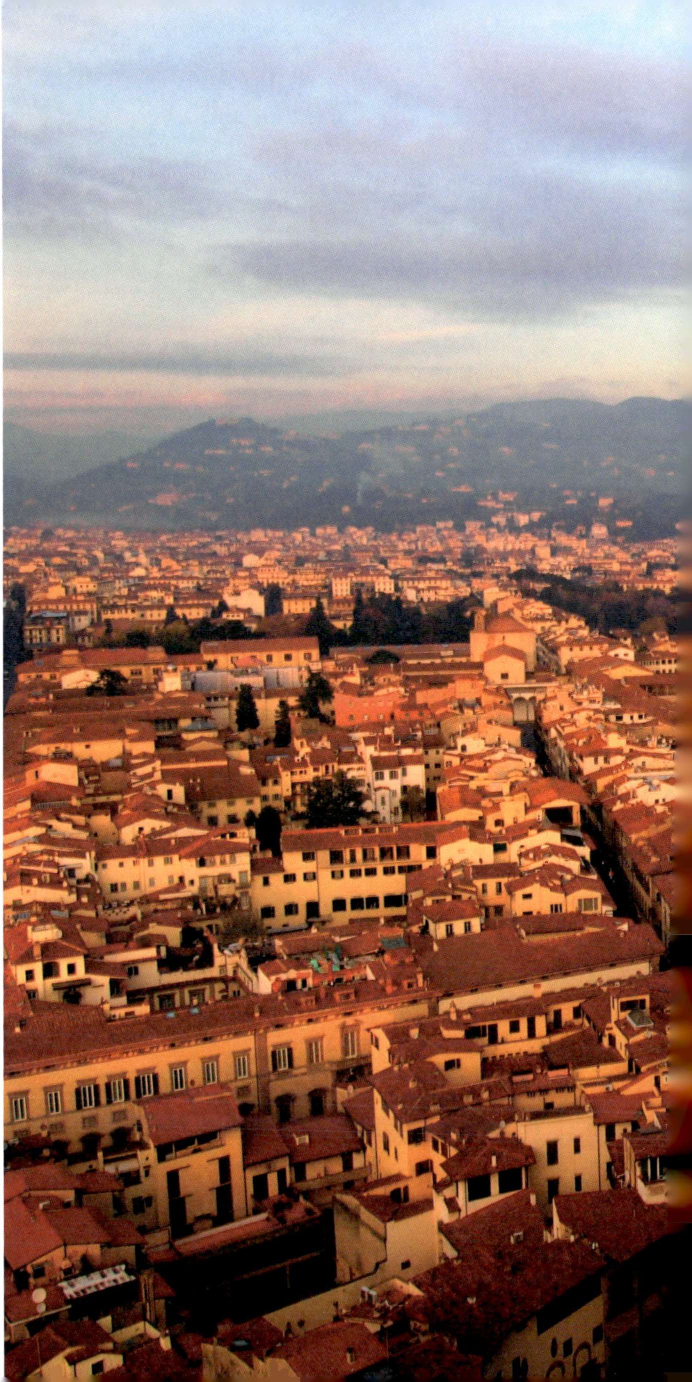

イタリア / フィレンツェ
「ジョットの鐘楼」にある414段の階段を上れば、ドゥオーモをフィレンツェの街とともに眺めることができる。

一生、記憶に残る「食事」とは

これ、なんのお肉だと思う？　標高３８５０ｍもの高地にあるペルーのプーノという街で食べたのは、なんと〝アルパカ〟の肉！

私は旅の醍醐味のひとつとして、珍しい食べ物に挑戦してみたいと思っている。だから、ペルーではアルパカを食べようと意気込んでいたのだが、いたるところで可愛いアルパカを目にしているうちに食べることができず、ついにペルーで過ごす最後の夜を迎えてしまった。

迷った末に「ふだん経験のできないことを、五感で感じたい」という思いを胸に、注文してみた。

心を傷めながらもいただいたお肉はとてもおいしく、私は自然や動物に生かされて生きていて、こうして旅ができているのだと改めて考えさせられた。

ヨーロッパの３ツ星レストランで豪華な食事をするのも素敵だけど、こうした命の尊さを感じられる食事は貴重な体験として、一生記憶に残るだろう。

ペルー / プーノ

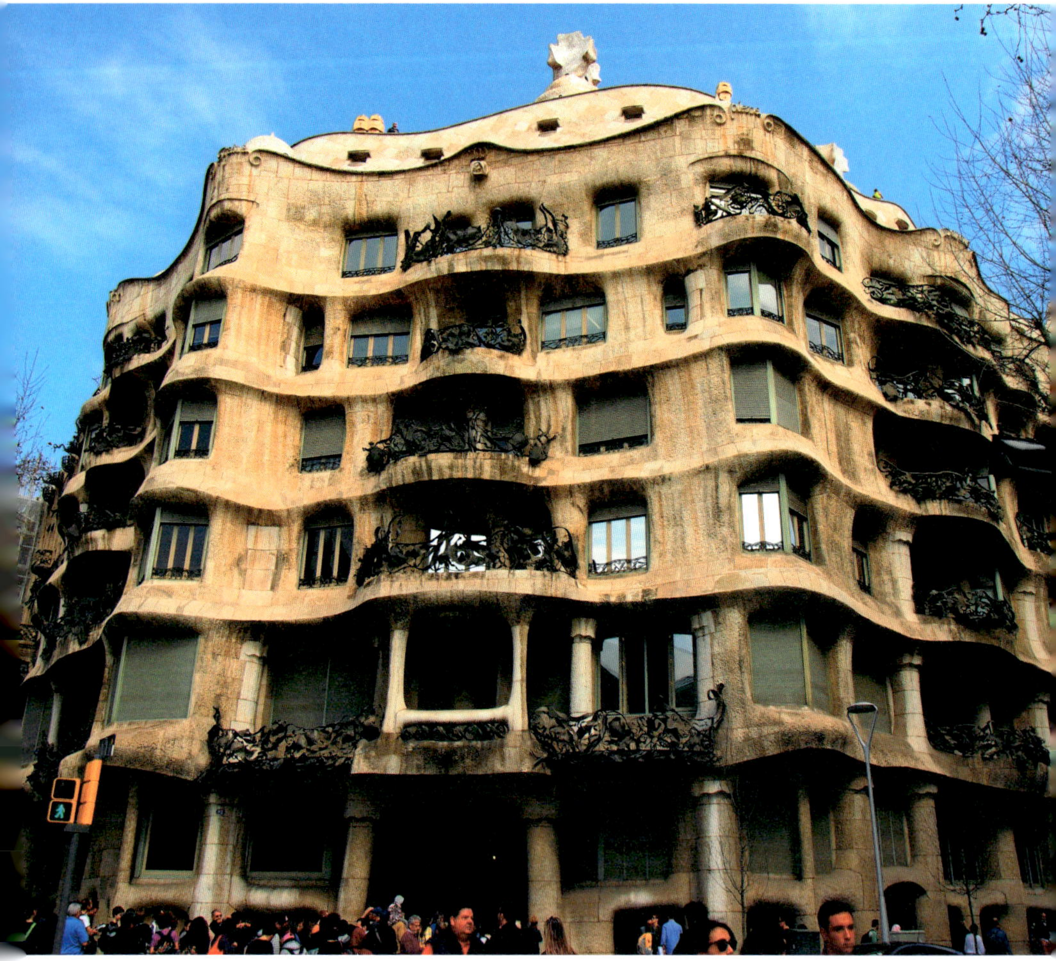

(右) スペイン / バルセロナ
グラシア通りにあるこの「カサ・ミラ」は、サグラダ・ファミリアを手がけたアントニ・ガウディの作品。
集合住宅で、現在も人が住んでいる。大学で学んだ建築を自分の目で見ることができ、感動と興奮を覚えた。

(左) セルビア / ベオグラード
グリーンの屋根が印象的な「聖サワ大聖堂」。
ここからはベオグラードの景色が一望でき、街の観光名所のひとつとして、たくさんの人が訪れる。

（右）シンガポール / シンガポール
リトルインディアにある「アブドゥル・ガフール・モスク」。月と星のモチーフがオシャレ。

（左）ポルトガル / シントラ
エデンの園ともいわれている「ペーナ宮殿」。いろどり豊かな様々な塔を楽しめる。

フランス / リクヴィル

ぶどう畑の間からのぞいて見えるのは、フランス一の美しい村。甘いぶどうの香りを五感で感じられる。

HRVATSKO NARODNO KAZALIŠTE
PRODANA NEVJESTA
ALISA

（右）クロアチア / ザグレブ
「クロアチア国立劇場」があるこの広場は、チューリップやラベンダーなど
季節ごとに花が咲き乱れ、黄色い建物をよりいっそう華やかに見せる。

（左）フランス / ヴェルサイユ
多くの女子が憧れるマリー・アントワネットが暮らしていた「ヴェルサイユ宮殿」。
建物の中から外まで豪華絢爛！ きらびやかな世界がどこまでも広がっている。

心の支えとなる「言葉」と出会う

このホウィックという場所は、ネルソン・マンデラ氏がアパルトヘイト（人種差別）反対運動に身を投じていたために逮捕された場所。

逮捕から50年が経った２０１２年。地元のアーティストであるマルコ・シアンファネリ氏が彫刻を制作した。50本の長い鋼鉄の柱は、正面から見ると何なのかまったくわからないが、ある場所へ立ってみると、マンデラ氏の顔が浮かび上がってくる。

人種差別が存在する世界を大きく変えた彼は、多くの名言を残しているが、その中でも私が気に入っているのがこの言葉。

「it always seems impossible until it's done」

――何事も成功するまでは、不可能に思えるものである――

何度も何度も挫折するたび、私はいつもこの言葉に救われた。この言葉はマンデラ氏のように生涯をかけるほどの信念を貫いた人だからこそ、言えるのではないかと思う。

彼の言葉をたくさんの人に伝えたくて、私はこの１枚を選んだ。

南アフリカ共和国 / ホウィック

（右）オランダ / ザーンセスカンス
風車で有名なこの街は、その街並みも見どころのひとつ。紅葉シーズンは緑色に塗られた家々が、よりいっそう可愛く映える。

（左）フィリピン / ビガン
かつてスペインの統治下にあったフィリピンでは、様々な場所で西洋の建築を見かける。
中でもこのビガンは街が世界遺産に登録されていて、ヨーロッパと東南アジアの融合した雰囲気を楽しめる珍しい場所。

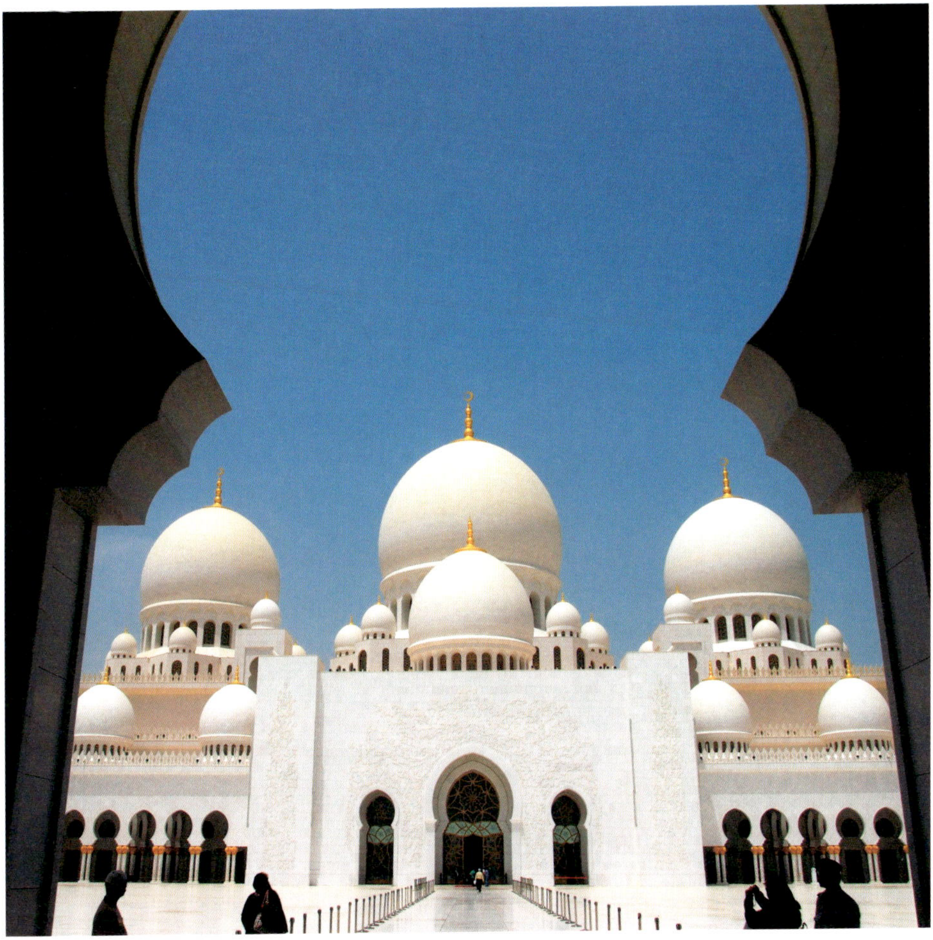

（右）スペイン / グラナダ
スペインの名所のひとつ「アルハンブラ宮殿」。イスラム芸術の最高傑作といわれている。
1 日 8000 人という入場制限があるため、事前に前売りチケットを買っておくのがベター。

（左）アラブ首長国連邦 / アブダビ
私が世界で一番好きなモスクはこの「シェイク・ザイード・グランドモスク」。
世界一大きなペルシャ絨毯や立派なシャンデリアは真っ白なモスクだからこそ映える美しさ。

（右）ギリシャ / サントリーニ島
崖を華やかにいろどるのは、ギリシャならではの白い建物。
中には鮮やかな色の建物が見えるのも、乙女心をくすぐるワンポイント♡

（左）ペルー / マチュピチュ
インカ帝国の時代に人々が工夫を凝らして作り上げた都市。
謎に満ちたこの地に足を踏み入れてみると、神秘的な気分に浸れる。

(右) ボリビア / ラグーナ・コロラダ
(左) ボリビア / ラグーナ・ベルデ
ウユニ塩湖から 2 泊 3 日かけてサンペドロ・デ・アタカマを目指す道中、国境にある赤い湖 (右) と緑の湖 (左) を訪れた。
赤い湖は藻類の赤い堆積物や色素によって色づけられ、緑の湖は銅鉱物を含む沈殿物によって誕生したのだそう。

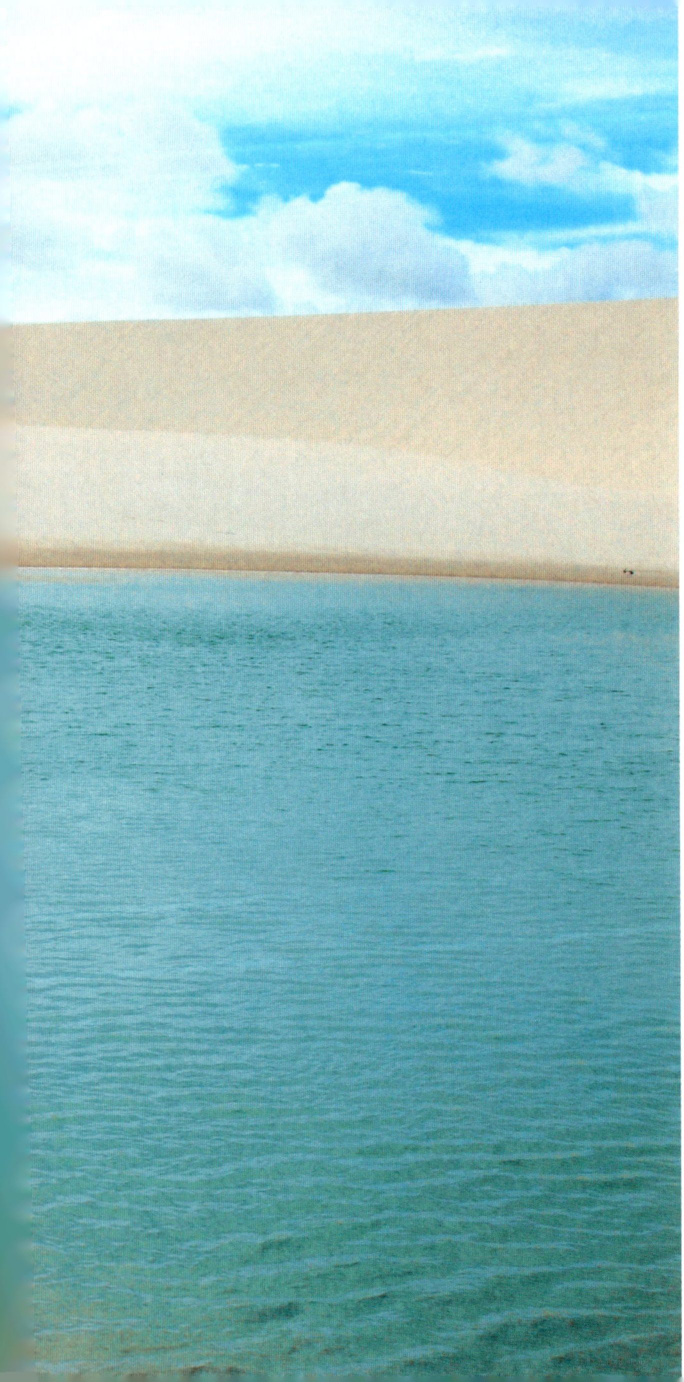

ブラジル /
レンソイス・マラニャンセス国立公園

ブラジル北東部にあり、ふだんは白い砂漠しかないこの場所には、雨季になるとターコイズブルーの湖が現れる。限られた時期しか見られないその美しい姿は、ウユニ塩湖に次ぐ絶景スポットともいわれている。

南アフリカ共和国 / ケープタウン

アフリカ大陸の最南端として有名な喜望峰。実際には少し離れた場所にあるアグラス岬が最南端だが、世界的にはこちらが有名。
「世界の果て」といわれるこの地は、旅人としてずっと憧れていた大切な場所。

「回り道」をすると、思いがけない景色と出会う

砂漠好きを公言している私だが、初めて行った砂漠はモロッコのサハラ砂漠。中心地のマラケシュを朝6時に出発し、眠い目をこすりながら車窓を眺めても、そんなの数時間で飽きてしまう。寝ようにも、悪路で体のあちこちを車の中でぶつけて、とても眠れそうにない。

そんな状況での移動時間は、12時間の予定だ。

「よく知らないドライバーのおじさんと2人で、半日も移動し続けるなんて……」

そう心の中でぐったりと感じながら、サハラ砂漠にいちばん近い街、メルズーガを目指す。

長い長い車の旅はかなり体力を消耗するし、車酔いにもなる。その道中は、アトラス山脈を超えていくのだが、休憩がてらに車から降りたとき、車酔いさえ忘れさせるような絶景が広がっていた！

なんと雲の真下に広がるのは、棚田群と赤土でできている家々。

天空の都市といえばマチュピチュだが、この旅では偶然にも、今も人々が住む天空の都市に出会えた。

素敵な場所は、必ずしも目的地となる観光地だけではなく、その道中にもたくさん広がっているのだ。

モロッコ / アトラス山脈

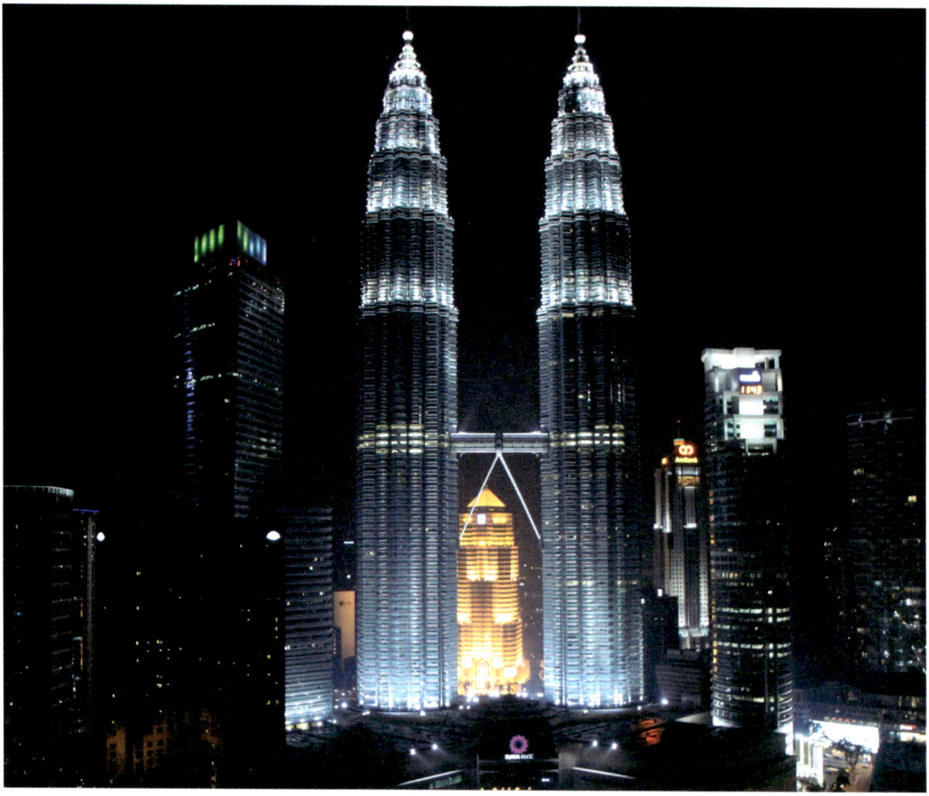

（右）マレーシア / クアラルンプール
「トレーダースホテル」の最上階にあるスカイバーは超絶景スポット！
「ペトロナス・ツインタワー」を含むクアラルンプールの夜景を楽しめる。

（左）スペイン / バルセロナ
一度は訪れてみたい建築として「サグラダファミリア」には世界中から観光客が訪れる。施されている彫刻はとても細かく、長い年月がかかっているのも納得。私が海外建築に魅了されたきっかけの場所。

ALFONS MUCHA
exhibition
SALVADOR DALÍ
exhibition

(右) チェコ / プラハ
旧市街広場にある「ティーン教会」。夜のライトアップは必見。

(左) ポルトガル / リスボン
とても大きな「ジェロニモス修道院」。外観はもちろんのこと、内観の装飾や中庭も趣があって美しい。

（右）ルクセンブルク / ルクセンブルク
ヨーロッパの中では小さいながらも魅力のつまった国。
チョコレートが有名で、緑豊かな街を歩きながらチョコを頬ばるのは至福のひとときき！

（左）ベルギー / ブルージュ
ステーン通りはハリーポッターに出てくるような街並みが続き、
オシャレな店とたくさんの人々で賑わう。

(右) ポルトガル / ポルト
夜の運河沿いはオトナの雰囲気漂うロマンチックなスポット。刻々と沈む夕日を見るのもオススメ。

(左) アメリカ / ニューヨーク
「ロックフェラーセンター」の展望台、「トップ・オブ・ザ・ロック」から見た夜景。
「エンパイアステートビル」をはじめとするNY中の建物を堪能したいときはこの場所で。

アラブ首長国連邦 / ドバイ
(右) 世界最高の高さ 828m を誇る「ブルジュ・ハリファ」からの夜景は、宝石を散りばめたようにキラキラと輝く。

(左)「イブン・バトゥータ・モール」の中にある、世界一美しいといわれる「スターバックス」。モスク風でアラビアンな雰囲気がたまらない！

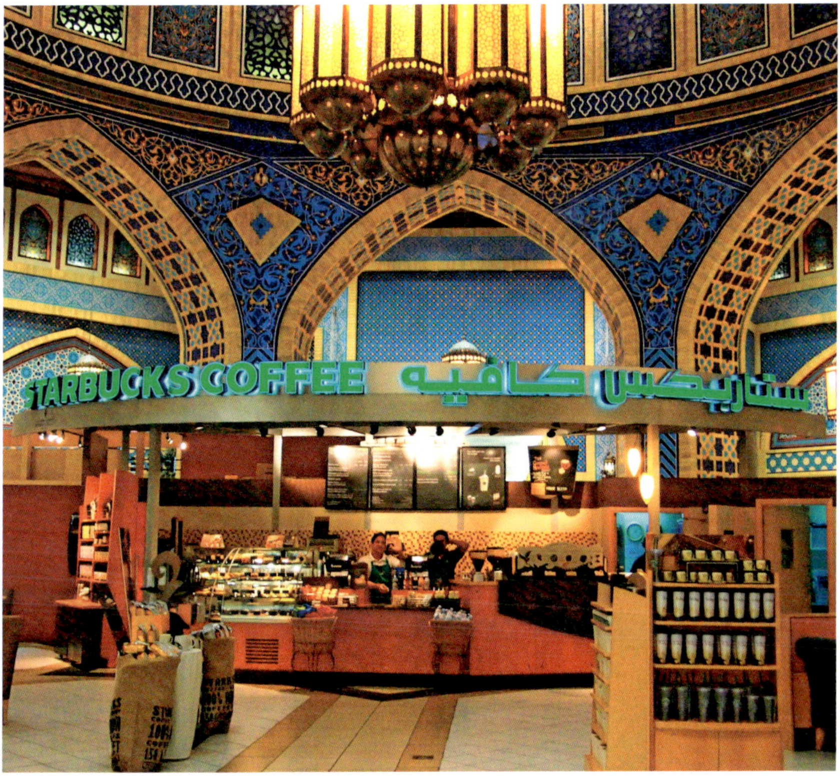
STARBUCKS COFFEE
ستاربكس كافيه

COMPOSITORES
VISUALES
CINE
FOTOGRAFIA
FOTOGRAFIA
ARTE ARGENTINO
TURISMO
TURISMO NACIONAL

(右) アルゼンチン / ブエノスアイレス
サンタ・フェ通り沿いにある世界で二番目に美しい書店に選ばれた「エルアテネオ」。元々は1919年にオペラハウスとしてオープンし、現在は客席が書店、ステージがカフェスペースとして使われている豪華な書店。

(左) オランダ / アムステルダム
アムステルダムに到着した夜、お腹を空かせた私のテーブルに相席してきた小さな小さなお客様。

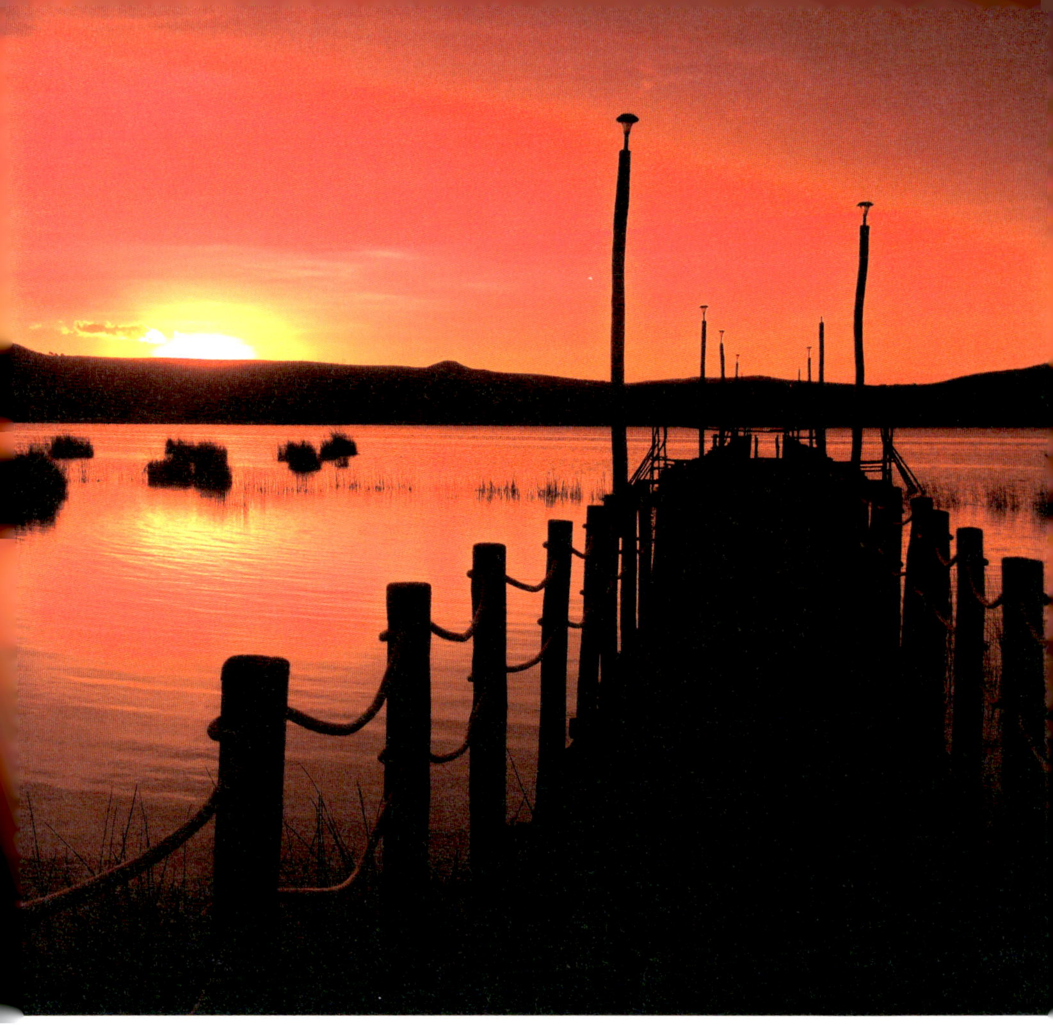

（右）ペルー / プーノ
夕日に染まるチチカカ湖。標高 3810m と富士山よりも高い場所にある。
湖のほとりにあるホテルに泊まって見る星空は絶景！

（左）フランス / パリ
凱旋門の前にとまっている高級車。なんとも贅沢な夢の共演。

(右) フランス / リクヴィル
パステルカラーと咲き乱れる花に囲まれてカフェタイムを満喫。
オシャレな看板も見どころのひとつ♡

(左) ギリシャ / ミコノス島
真っ白な街をいろどるのは、カラフルなペンキを塗ったドアだけではなく、
鮮やかな色の花や果物も。

EXTRA VIRGIN OLIVE OIL

RESTAURANT LA CIVIERE
Brasserie · La Civiere d'Or · Restaurant
LE PANIER d'OR
SINT JORIS
PETIT-CAFE
ITALIAN
frieten
dranken

（右）ベルギー / ブルージュ
三角屋根がとても魅力的な街。
広場に面したテラスでは美食大国として名を挙げるベルギーの料理を堪能できる。

（左）ブラジル / サンルイス
レンソイスへ行くために、北東部にあるこの土地を訪れた。
南部とはまた違った、力強いカラフルな南米色を楽しめる。

（右）オランダ / ザーンセスカンス
オランダといえば風車。
ここは世界遺産のキンデルダイクとともに風車で有名な街。人生初、風車の中を探検した。

（左）ベルギー / ブルージュ
水の都といえばイタリアはヴェネツィア、ベルギーはブルージュ。
ゴンドラ（船）に乗って観光するのも、水の都ならでは。

願い続ければ、夢は叶う

ポルトガルのアゲダという街では、毎年7〜9月に芸術祭が行われる。その様子をたまたまネットで見たとき「なんだここは！　どこかわからないけど可愛い！　行ってみたい！」

それから私にとって、ここは憧れの地となった。

そして数年が経ち、本を出版できることになったとき、「あの絶景の下で、お気に入りの傘を持って写真を撮りたい！　それを本に載せられたらなぁ」と思っていた。しかし、金銭的な余裕がなく、迷いながらも行きたい気持ちに諦めがつかないままでいたある日、偶然が重なり、まさかのまさか、なんと行けることになったのだ！

数年前、ネットで見た写真に憧れを抱いていた私からしたら、この写真は信じられないだろう。

この写真は私の夢が叶った宝物の1枚であり、「強く願っていれば叶うんだ」って思えた瞬間なのだ。

もちろん願っていてもすぐには叶わないことのほうが多いけれど、思いもよらないタイミングで、突然、実現したりする。

人生って、どうなるかわからないから面白い。

ポルトガル / アゲダ

casa dos pijamas
MÉDICO
CLIMED

ポルトガル / アゲダ

毎年 7 ～ 9 月に行われる芸術祭のひとつ「アンブレラ・スカイ・プロジェクト」。ずっと憧れていたこの場所！
目に映る無数のカラフルな傘。私の心はあまりの嬉しさで震えた。

ARCO • VELHO
restaurante
ERA
234
690
300

ポルトガル / アゲダ
（右） カラフルな傘だけではなくマリンテイストも必見。
傘の隙間から見える青空は、いつもよりきれいに見える。

（左） 道路の真ん中に立って見上げると、カラフルな太陽の光のシャワーが降り注ぐ。
本当に雨が降ってきても、これなら安心！

ポルトガル / アゲダ
(右) 通りに入ってみると、またもや違う傘が！　青い空をいろどっている光景にキュン！
(左) 傘でいろどられるのは、空だけではなく車も！　こんな車があったらいいのにな。

マレーシア / マラッカ

首都クアラルンプールから日帰りで行ける世界遺産の街。アーティスティックで絵画のような建物が続いている。

AC MILA

（右）ギリシャ / ミコノス島
路地裏に迷い込んだら、こんなに可愛い通りへたどり着いた！

（左）ポルトガル / コスタ・ノヴァ
絵本に出てくるような可愛い家！
のんびりとしたこの港町では、ご近所同士が家の前のベンチに座って仲良くお茶をしている。

EF
EF
EF
EF

フランス / ストラスブール

中世の雰囲気にあふれているこの街には、プティット・フランスと呼ばれるエリアがあり、
川沿いに建つ木組みの家を見ながら散策するのが楽しい。

(右) 南アフリカ共和国 / ケープタウン
見ているだけで元気になるボ・カープ地区。
まるでレゴブロックで作ったおもちゃの世界に迷い込んだみたい。

(左) ポルトガル / コスタ・ノヴァ
カラフルなストライプ柄の家の中でも、私の一番のお気に入り。
ピンク色の花とのコンビに思わず見とれてしまう！

166

A-2497-AL
PARDILHOENSE

（右）ポルトガル / アヴェイロ
アゲダやコスタ・ノヴァへ行くときの拠点となる街。
アズレージョと呼ばれるタイルで装飾されたポルトガルならではの、
美しい建物が並ぶ。街全体がのんびりとしていて、目も心も癒される。

（左）フランス / リボーヴィレ
アルザス地方の街では、ネコをよく見かける。
ネコ好きな私にとってはこの上ない幸せ♡

(右) フランス / リクヴィル
フランスで一番美しい村に住むネコは、どことなく気品を感じる!?

(左) フランス / リボーヴィレ
メイン通りを進むと、突如現れる「ブシェール時計台」。
時期によって垂れ幕などの装飾が変わり、街をひときわ華やかに見せる。

RUE
KLOBB
CAISSE MUTUELLE
GITE ALSACIEN
Bar des MÉNÉTRIERS
Au Passage de la Tour

おわりに

初めての1人旅から帰国した1カ月後、
旅に出るきっかけをくれたおじいちゃんは、ガンにより天国へ旅立っていきました。
――1年も前に成人祝いをくれた理由は、こういうことだったのか――。
おじいちゃんは最期に〝自分の知らない世界を知る〟という、
とても大きなものを私に遺してくれました。
そして、私はどんどん旅に夢中になっていきました。
将来はインテリアコーディネーターを目指していたはずなのに、
いつの間にか「旅をしながら仕事がしたい」というのが、私の夢になっていました。

それまで何かひとつのことに夢中になることがなかった私が、
人生をかけて好きだと思える「旅」に出会えたのは、
新しいことに挑戦する最初の一歩を踏み出すことができたから。
一歩を踏み出す勇気があれば、
〝まだ知らない自分〟に出会うことができるのかもしれません。

私は英語も地理も苦手で、旅人にはほど遠く、
まして写真の撮り方さえもわからなかった普通の女の子です。
そんな私が旅に出たことで、本を出すまでに人生を変えることができたのは、
間違いなく旅のおかげです。

今までの旅で感じてきた「ワクワク」や「ドキドキ」を、
たくさんこの本に詰めました。
世界には、素敵な場所がたくさんあるということや、
旅の素晴らしさを伝えたいというのはもちろんですが、
私がいちばん伝えたいのは、ただひとつ。
「自分次第で、人生は大きく変わる」
ということ。
もし今、夢中になることがなくて悩んでいる人や、
目標になかなかたどり着けずに
悔しい思いをしている人がいたら、
ぜひ、この本を手に取ってほしい
と思います。
一歩を踏み出すことで
変わる人生があることや、
時間がかかっても強い思いがあれば、
そして自分を信じていれば、
必ず叶えられることがあるということを
知ってもらえたら嬉しいです。

２０１５年11月吉日

田島知華（たじはる）

旅ガール World Map

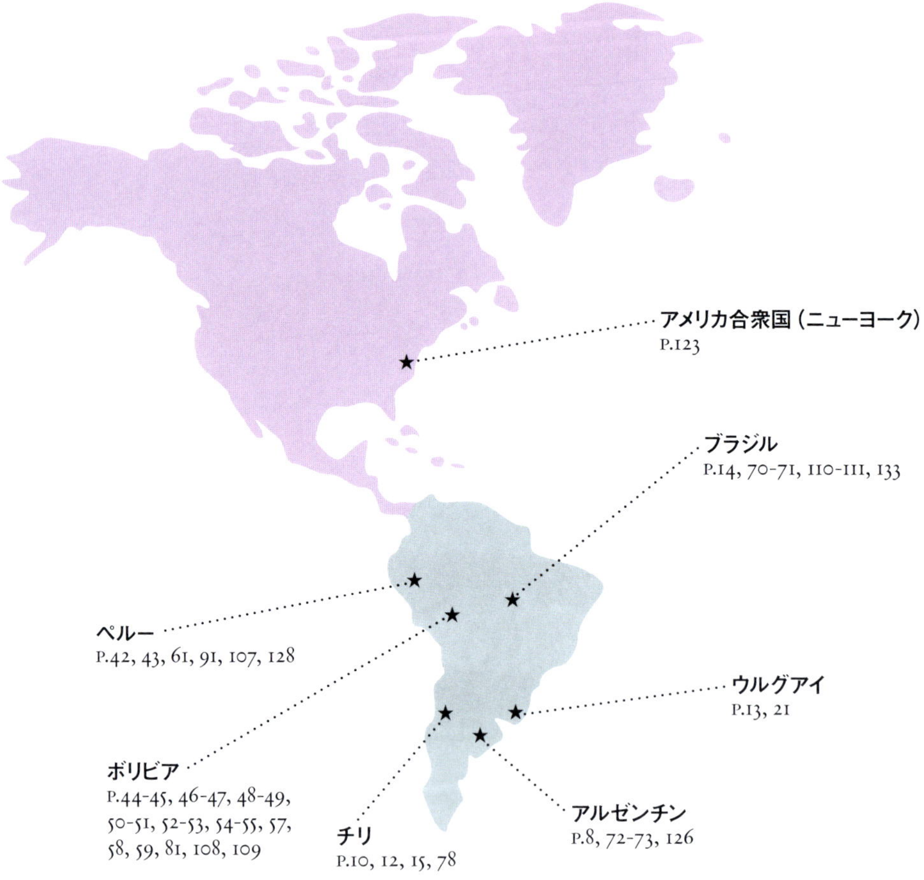

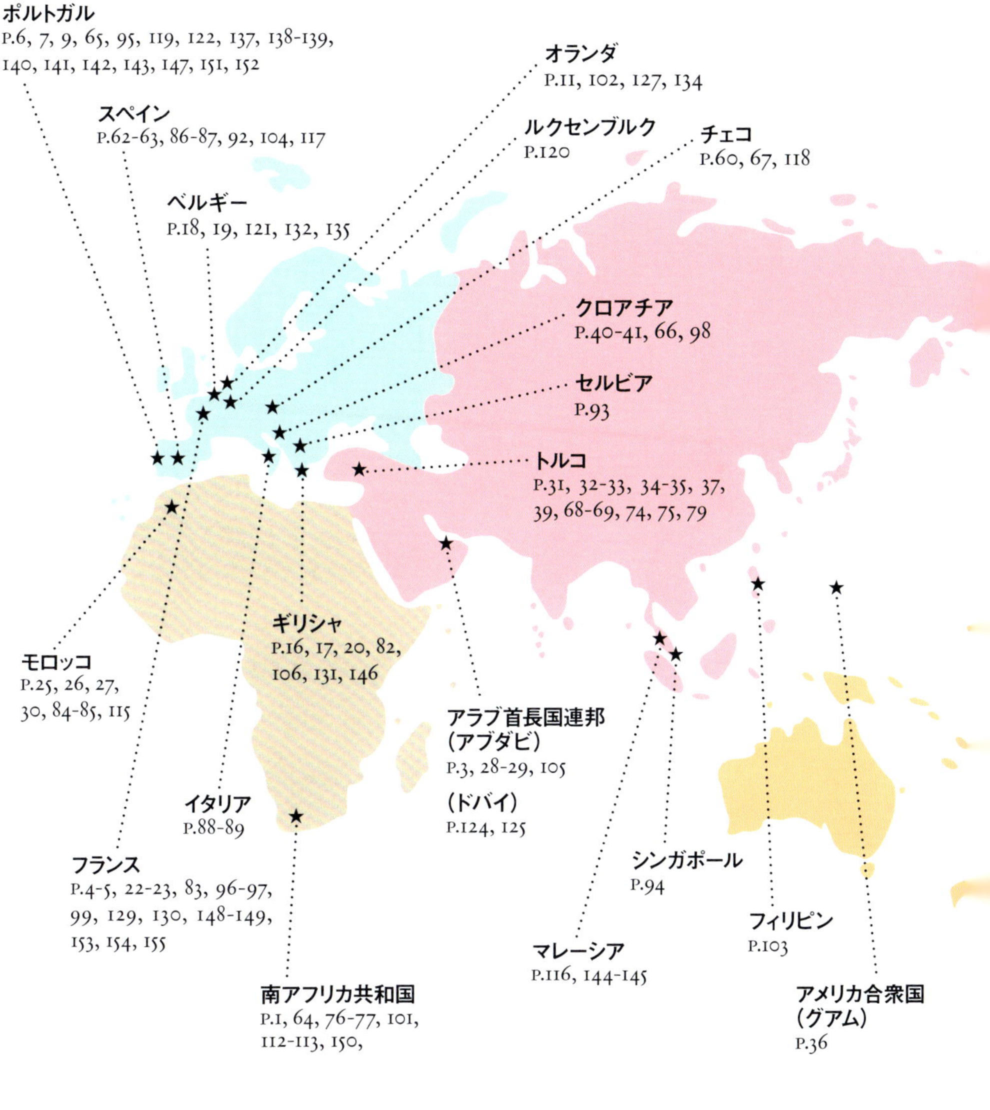
ポルトガル
P.6, 7, 9, 65, 95, 119, 122, 137, 138-139, 140, 141, 142, 143, 147, 151, 152
スペイン
P.62-63, 86-87, 92, 104, 117
ベルギー
P.18, 19, 121, 132, 135
オランダ
P.11, 102, 127, 134
ルクセンブルク
P.120
チェコ
P.60, 67, 118
クロアチア
P.40-41, 66, 98
セルビア
P.93
トルコ
P.31, 32-33, 34-35, 37, 39, 68-69, 74, 75, 79
ギリシャ
P.16, 17, 20, 82, 106, 131, 146
モロッコ
P.25, 26, 27, 30, 84-85, 115
アラブ首長国連邦
(アブダビ)
P.3, 28-29, 105
(ドバイ)
P.124, 125
イタリア
P.88-89
フランス
P.4-5, 22-23, 83, 96-97, 99, 129, 130, 148-149, 153, 154, 155
シンガポール
P.94
フィリピン
P.103
マレーシア
P.116, 144-145
南アフリカ共和国
P.1, 64, 76-77, 101, 112-113, 150,
アメリカ合衆国
(グアム)
P.36

田《た》島《じま》知《はる》華《か》（たじはる）

1991年福岡県生まれ。トラベルフォトライター。大学では建築を学び、19歳で初めての海外１人旅へ。大学時代は「休学せずに旅をする女子大生バックパッカー」として１年に約10カ国ずつ周りながらトークイベント等の活動をする。砂漠めぐりと世界の珍しいホテルに泊まるのが大好き。ヨーロッパの可愛いものをめぐる「女子旅」やバックパックで南米を周遊する「男前な旅」、週末だけでおいしいものを食べまくる「弾丸旅行」など、学生や社会人でも行ける旅行を知り尽くした経験を元に、自分の足で世界をめぐる。本書が初の著書。

インスタグラム　https://instagram.com/haruka_tajima/

ブックデザイン / ツカダデザイン

写真（P156 ～ 157）/Natsuki Amakawa

著者近影 /Yuki Wakai

編集 / 真野はるみ

Special Thanks to 菖蒲タケル

旅ガール、地球3周分のときめき

2015年12月14日　第1版第1刷

著　者　　田島知華（たじはる）

発行者　　後藤高志

発行所　　株式会社 廣済堂出版

〒104-0061 東京都中央区銀座3-7-6

電話　03-6703-0964（編集）

03-6703-0962（販売）

Fax　03-6703-0963（販売）

振　替　　00180-0-164137

U R L　　http://www.kosaido-pub.co.jp

印刷・製本　　株式会社 廣済堂

ISBN　978-4-331-51981-3　C0095